LA GRANDE IMAGERIE

PLANÈTES

POUR LES FAIRE CONNAITRE AUX ENFANTS

Conception:
Émilie BEAUMONT

Texte:
Agnès VANDEWIELE
Émilie BEAUMONT

Images:
Pierre BON

ÉDITIONS FLEURUS, 11, rue Duguay-Trouin 75006 PARIS

L'ASTRONOMIE

C'est la science qui étudie les astres. Les spécialistes de cette science sont des astronomes. Nos ancêtres les hommes préhistoriques avaient déjà constaté les différentes phases de la Lune et le mouvement du Soleil, mais ils pensaient que ces phénomènes étaient dus à des êtres puissants qui avaient un pouvoir sur les planètes et le Soleil. C'est avec la mise au point des longues vues dont la première fut inventée par des opticiens hollandais, que les découvertes vont s'accélérer, et c'est l'Italien Galilée, qui, le premier, vers 1610, regarde le ciel au travers d'une lunette qu'il a lui-même fabriquée.

Les premières découvertes

Les grecs avaient déjà remarqué en leur temps que la Terre était ronde, mais ils pensaient que notre planète était immobile au centre de l'univers. En 1543, le Polonais Copernic affirme pour la première fois que la Terre tourne sur elle-même et autour du Soleil.

Instrument astronomique de l'époque médiévale.

lunettes utilisées par Galilée

William Herschel

Herschel était un astronome anglais du XVIIIe siècle. Il construisit de nombreux télescopes grâce auxquels il put découvrir la planète Uranus et deux de ses satellites, ainsi que deux des satellites de Saturne.

Des observatoires haut perchés

Les grands télescopes sont souvent situés en montagne à une altitude où le ciel est toujours dégagé. En France, il y en a plusieurs dans les Pyrénées. Certains ne sont pas réservés qu'aux scientifiques mais sont aussi accessibles aux amateurs.

Un des télescopes élaborés par Herschel.

Voyager 1 et 2 sont des sondes américaines qui ont survolé Jupiter, Saturne puis Uranus et Neptune. Pour Saturne seule, elles ont fourni pas moins de 18 000 images de la planète !

Voyager 2

Hubble

Hubble est un télescope spatial américain. Il ne cesse de scruter l'univers depuis 1990 et a déjà apporté des informations précieuses aux scientifiques. Il peut photographier des astéroïdes invisibles par les meilleurs télescopes terrestres, il sait aussi mesurer les galaxies. En orbite à 600 km d'altitude, il est capable de faire le tour de la Terre en 97 min !

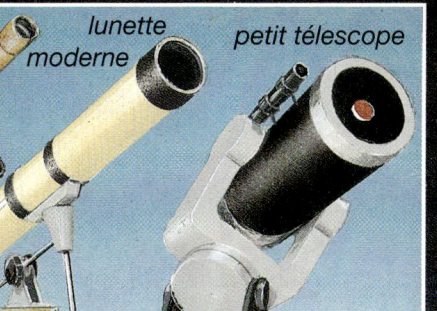

lunette moderne   *petit télescope*

Des passionnés

De nombreux amateurs s'adonnent à l'astronomie. On fait pour eux des télescopes de toutes tailles que l'on peut mettre sur son balcon et même emporter en vacances. Il existe beaucoup d'associations qui organisent des observations nocturnes.

Galileo

Galileo est la première sonde qui a plongé dans l'atmosphère de Jupiter. Elle peut fournir des photos de la planète et de ses satellites des centaines de fois plus précises que celles déjà émises par les sondes Voyager.

L'avenir

Au Chili, sur les hauts sommets des Andes, on construit 4 télescopes géants qui seront encore plus performants que Hubble. Le lieu de leur emplacement n'a pas été choisi par hasard : le temps y est dégagé 330 nuits par an ! Plus un instrument d'observation a un objectif large, plus il est puissant. Les objectifs utilisés mesureront plus de 8 m de diamètre. Actuellement, le plus grand télescope du monde se trouve à Hawaii.

LE SYSTÈME SOLAIRE

Cette région de l'univers comprend le Soleil, autour duquel tournent neuf planètes : Mercure, Vénus, Terre, Mars, Jupiter, Saturne, Uranus, Neptune, Pluton et des milliers de petites planètes appelées astéroïdes. D'autres corps célestes sont aussi présents, comme des comètes formées de roches et de glace ; des météorites, qui sont des débris de roches et des satellites tournant autour de grosses planètes, comme la Lune qui est le satellite de la Terre. Le système solaire s'est formé il y a 4,6 milliards d'années.

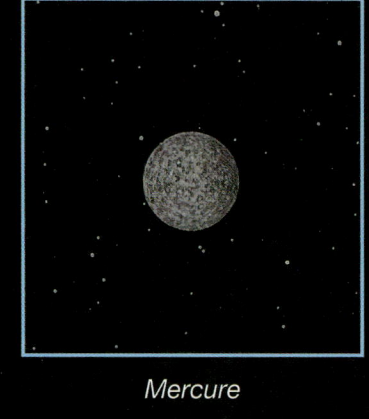
Mercure

Vénus

La formation du système solaire

Le Soleil et ses planètes se sont formés à partir d'un immense nuage de gaz et de poussières qui, pour des raisons encore inconnues, s'est mis à tourner sur lui-même. Des savants pensent que ce phénomène serait dû à l'explosion d'une grosse étoile toute proche.

Naissance du Soleil

En tournant de plus en plus vite, le nuage a pris la forme d'un gigantesque disque dont le centre, plus chaud et plus dense, a donné naissance au Soleil. Autour du Soleil, pendant plus de 100 millions d'années, de nombreuses particules se sont collées les unes aux autres pour former les planètes.

Nettoyage dans l'espace

Les quatre planètes géantes, depuis leur naissance, ont nettoyé l'espace de corps plus petits qu'elles, en les expulsant très loin, bien après Pluton, la planète la plus éloignée du Soleil. Certains de ces corps, constitués de roches et de glace, continuent de tourner autour du Soleil. Ils forment un immense anneau, appelé nuage de Oort, d'où viendraient les comètes.

Terre

Mars

Les planètes

Les planètes du système solaire, sauf Pluton, sont divisées en deux grandes catégories :

● Les planètes telluriques : Mercure, Vénus, la Terre et Mars sont constituées d'une matière rocheuse et leur surface est solide. Leur taille n'est pas très importante et elles ne possèdent pas beaucoup de satellites (Mars en a deux, la Terre, un seul).

● Les planètes géantes : Jupiter, Saturne, Uranus et Neptune sont essentiellement constituées de gaz, leur surface n'est pas dure. Elles sont volumineuses, Jupiter, par exemple, est onze fois plus grande que la Terre. Ces planètes sont entourées d'anneaux et possèdent de nombreux satellites.

● Pluton est aussi une boule de gaz, mais elle est plus petite, environ cinq fois moins grosse que la Terre. (voir p. 23).

Région des planètes géantes

Région des planètes telluriques

L'avenir du système solaire

Il est appelé à disparaître car le Soleil, qui est une étoile, s'éteindra peu à peu. Avant, il grossira pour devenir une étoile géante qui fera monter la température de la Terre à 2 000 °C ! Quand le Soleil ne brûlera plus, le système solaire sera plongé dans la nuit et le froid glacial.

Jupiter

Saturne

Uranus

Neptune

LE SOLEIL

Le Soleil est l'étoile la plus proche de la Terre. Il s'agit d'une énorme sphère de gaz d'un rayon 110 fois plus grand que celui de la Terre. Son cœur produit une énergie incroyable due à de la matière qui brûle à une température de 15 millions de degrés ! Cette énergie nous parvient sous forme de chaleur et de lumière et permet la vie sur Terre. Notre planète tourne autour du Soleil situé à 150 millions de kilomètres, mais il ne faut que 8 min à la lumière du Soleil pour nous parvenir. Sa surface est d'un éclat aveuglant et elle est très agitée.

Né il y a 4,5 milliards d'années, le Soleil devrait avoir brûlé ses réserves dans environ 5 milliards d'années.

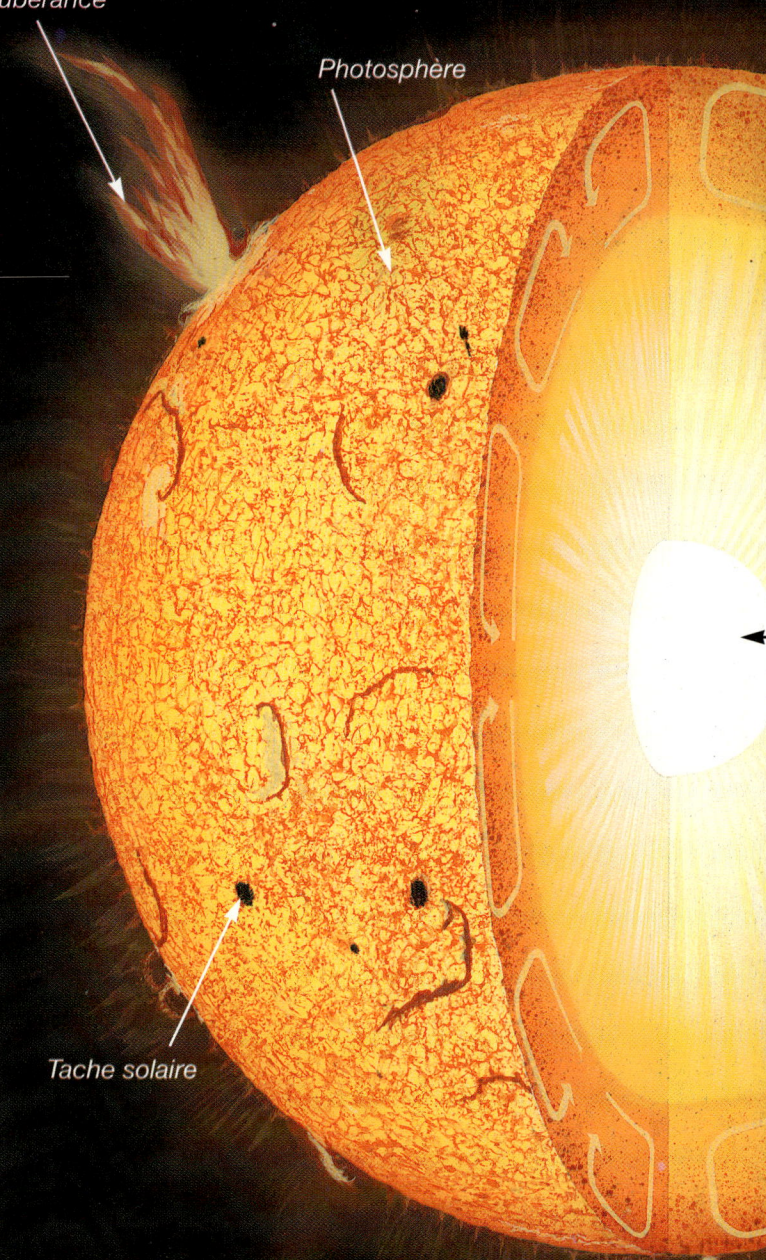

Protubérance
Photosphère
Tache solaire

Le soleil rouge
Le soir, le disque solaire est juste au-dessus de l'horizon, et ses rayons, pour nous atteindre, traversent une grande épaisseur d'atmosphère. Les rayons de couleur bleue sont déviés vers le ciel, seuls les rayons rouges nous parviennent alors.

Soleil morcelé
Au soir d'une journée très chaude, le disque solaire apparaît sur l'horizon comme découpé en bandes allongées. Cet effet d'optique vient de ce que les rayons du Soleil, en traversant les couches d'air de plus en plus chaudes, ont été déviés.

Le rayon vert
Au crépuscule, juste avant de passer sous l'horizon, le Soleil n'est plus qu'un mince trait de lumière. Et lorsque l'atmosphère est très calme, les derniers rayons qui nous parviennent sont ceux de couleur verte.

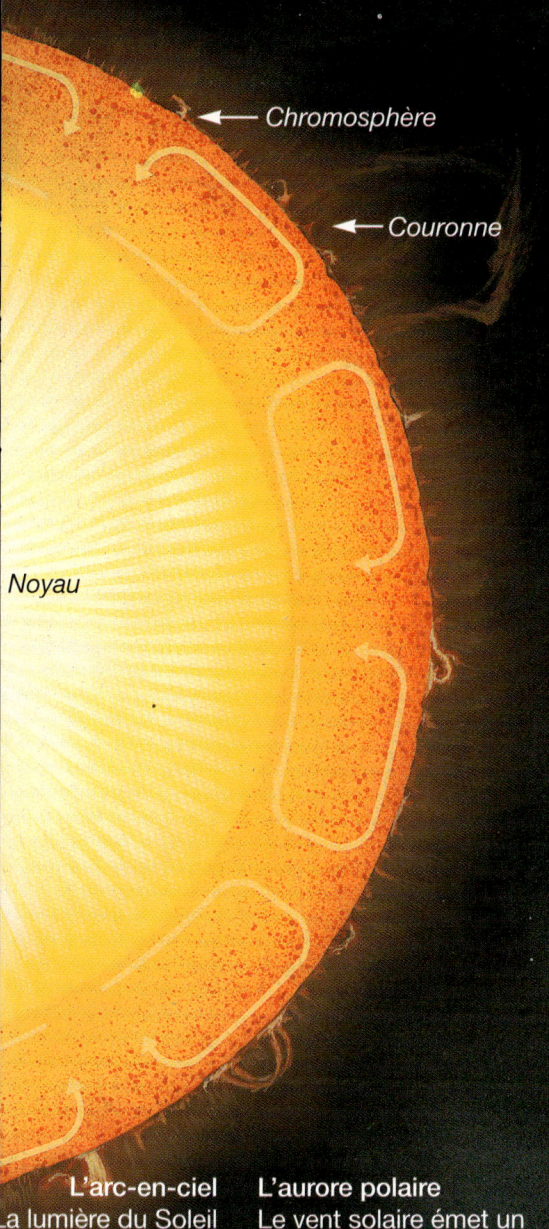

Chromosphère
Couronne
Noyau

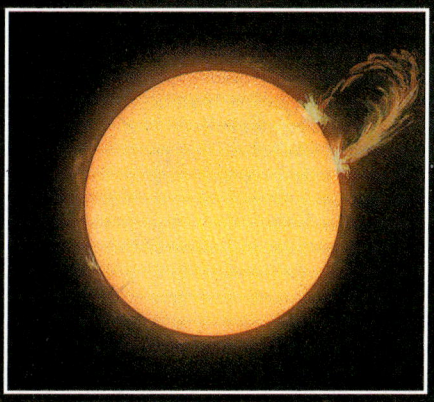

Ci-dessus, évolution d'une éruption solaire.

Le noyau est le cœur du Soleil. C'est un énorme chaudron dans lequel ont lieu des réactions nucléaires qui dégagent 15 000 000 de degrés.

La photosphère est la surface du Soleil, la température y est de 6 000 °C.

La chromosphère est une région située au-dessus de la photosphère, qui fait 1 500 à 2 000 km d'épaisseur et où la température est de 4 300 °C.

La couronne est une zone transparente située au-dessus de la chromosphère, qui s'étend sur des millions de kilomètres et où la température s'élève à un million de degrés.

Les taches solaires sont des zones sombres moins chaudes que les régions qui les entourent.

Les éruptions solaires ont lieu dans la couronne et donnent naissance à des protubérances. Ce sont des sortes d'énormes jets de matière qui peuvent mesurer jusqu'à 400 000 km.
On a constaté qu'après de grosses éruptions solaires, le climat de la Terre était modifié et que des aurores polaires apparaissaient au niveau des pôles.

L'arc-en-ciel
La lumière du Soleil est composée de sept couleurs. Quand elle traverse un rideau de pluie, chaque couleur est déviée de façon différente et ressort séparée des autres.

L'aurore polaire
Le vent solaire émet un souffle chargé de particules électriques. Quand ce souffle est très fort, les particules atteignent la Terre, elles se regroupent et se concentrent aux pôles. Là, jaillissent alors de grandes gerbes de lumière bordées de flammes : ce sont des aurores polaires.

Les éclipses
La Lune tourne autour de la Terre. À certains moments, elle passe juste entre la Terre et le Soleil. Le Soleil est alors caché par la Lune. C'est une éclipse de Soleil. Mais la Lune, plus petite que le Soleil, ne le cache pas complètement : on peut alors apercevoir le bord du disque solaire (la couronne).

LA TERRE

La Terre est la troisième planète du système solaire par la distance qui la sépare du Soleil (150 millions de km), et la cinquième par sa grandeur. Elle a la forme d'une sphère aplatie au niveau des pôles. Son diamètre est de 12 756 km.
Elle tourne sur elle-même en 23 h 56 min 4 s et autour du Soleil en 365 jours 1/4 à la vitesse de 108 000 km/h. La rotation de la Terre sur elle-même entraîne l'alternance du jour et de la nuit. Son mouvement autour du Soleil engendre les différentes saisons. La surface de la Terre est recouverte à 71 % par les océans.
La Terre a un satellite : la Lune.

L'atmosphère est composée de plusieurs couches qui s'élèvent jusqu'à 700 km d'altitude.

La croûte terrestre est épaisse de 30 à 50 km en moyenne et de 5 à 10 km au niveau des océans. Cette partie est rigide comme le manteau supérieur et l'ensemble flotte sur le manteau inférieur qui, lui, est plus mou. Le noyau est constitué du noyau interne solide où la température est de 3 000 à 4 000 °C et du noyau externe qui est liquide.

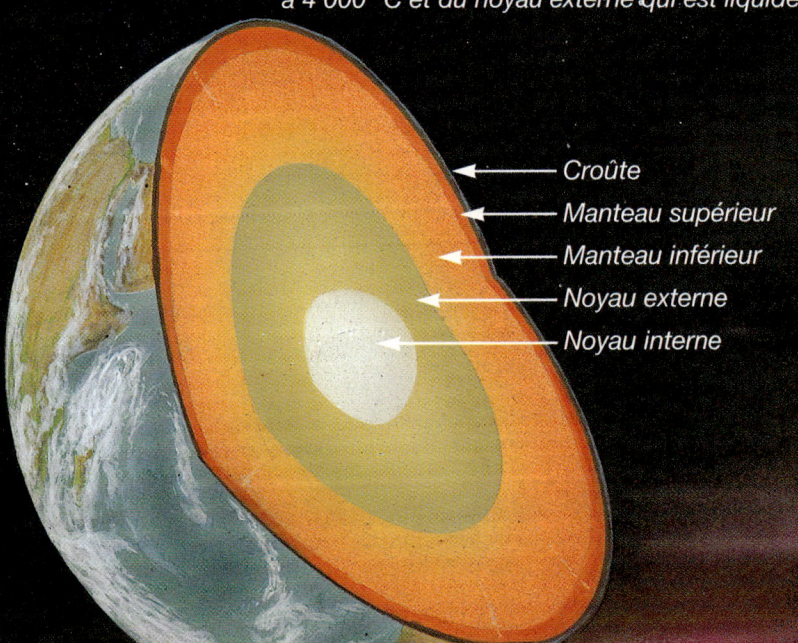

- Croûte
- Manteau supérieur
- Manteau inférieur
- Noyau externe
- Noyau interne

Reliefs et paysages de la Terre

La Terre a des reliefs et des paysages très divers et très beaux, des hautes montagnes glacées aux déserts brûlants et de la banquise aux forêts luxuriantes.

L'atmosphère

C'est une couche de gaz qui enveloppe certains astres et plus particulièrement la Terre. L'atmosphère terrestre est composée d'azote et d'oxygène. Le rôle de l'atmosphère est important : elle protège la Terre des rayons du Soleil puisqu'elle renvoie dans l'espace les 2/5 de l'énergie reçue. La nuit, elle retient la chaleur présente à la surface de la Terre. Grâce à cette enveloppe gazeuse, la Terre, principalement recouverte d'eau, apparaît bleue dans l'espace. C'est la seule planète du système solaire où l'eau existe sous forme liquide, ce qui a permis à la vie de se développer. Si l'atmosphère n'existait pas, les écarts de température seraient énormes : 100 °C le jour, et - 150 °C la nuit.

L'activité volcanique

Les volcans sont le signe visible de l'activité interne d'une planète. Toutes les planètes telluriques ont des volcans. Sur Terre, il y a différents types de volcans qui se distinguent par la nature de la lave qui en sort et par leur forme. Le plus haut volcan de la Terre s'élève à 9 000 m au-dessus des fonds marins, c'est le Mauna Loa, à Hawaii, dans le Pacifique.

LA LUNE

La Lune est le satellite naturel de la Terre. Situé à 384 000 km, c'est l'astre le plus proche de notre planète, c'est pour cela qu'il nous paraît gros et qu'on peut le voir à l'œil nu. En réalité, la Lune est quatre fois plus petite que la Terre. Grâce aux sondes envoyées depuis 1959 et aux missions spatiales commencées en 1969, on connaît la nature de son sol et son relief.
Sur sa surface, des montagnes s'élèvent à plus de 8 000 m, on y trouve aussi des plaines et d'énormes cratères creusés par la chute de météorites depuis des milliards d'années.
La rotation de la Terre et de la Lune autour du Soleil entraîne des mouvements des masses d'eau.

La Lune tourne sur elle-même et autour de la Terre.

La formation de la Lune

On ne sait pas encore exactement d'où vient la Lune. Plusieurs hypothèses ont été émises dont la plus sérieuse est qu'elle serait née de la collision entre la Terre et une autre planète au moment de leur formation, il y a 4,5 milliards d'années. Cette idée a été étudiée grâce à des simulations faites sur ordinateur. Mais à ce jour, l'énigme de la formation de la Lune demeure entière.

Aspect de la Terre vue depuis la surface de la Lune.

Des scientifiques ont observé que la Lune aurait aussi une influence sur la stabilité des climats de la Terre.

La surface de la Lune

Vue de la Terre, la Lune présente des zones sombres que l'on a longtemps appelées des mers mais qui sont en fait des plaines puisqu'il n'y a pas d'eau sur la Lune. Contrairement à la Terre, il n'y a pas d'atmosphère, la Lune n'est donc pas protégée des chutes de météorites et des chauds rayons du Soleil. En plein jour, la température est de 140 °C, alors que la nuit elle peut descendre à -170 °C.

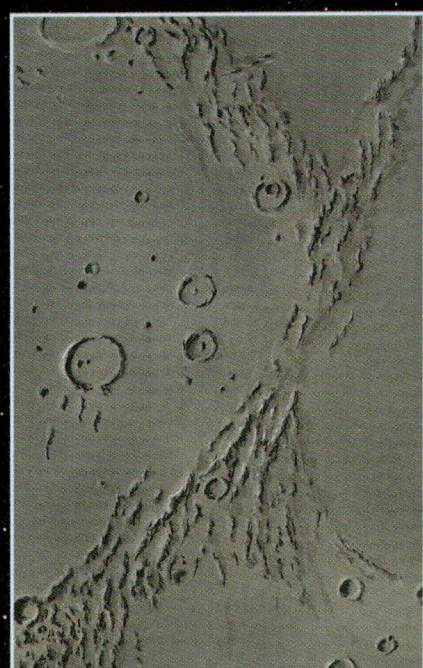

Sol d'une mer lunaire.

Cratère lunaire, le plus gros a environ 200 km de largeur !

croissant

premier quartier

pleine lune

lune gibbeuse

dernier quartier

croissant

Les différents aspects de la Lune

La Lune n'émet pas de lumière, elle réfléchit celle du Soleil. La Lune tourne autour de la Terre, qui elle-même tourne autour du Soleil, son aspect change donc régulièrement. Ci-contre, de haut en bas, sont représentés les différents aspects de la Lune au cours de sa rotation autour de la Terre.

Mars se situe à 228 millions de kilomètres du Soleil.

MARS

On appelle Mars la planète rouge à cause de la poussière rougeâtre que le vent soulève sur son sol désertique. C'est une planète sèche et froide où la température peut descendre à - 60 °C, et où soufflent de violentes tempêtes. Sa surface est couverte de volcans dont certains sont géants ! Elle met 24 h 37 min pour faire un tour sur elle-même. En 1976, les sondes Viking 1 et Viking 2 ont survolé Mars et déposé des modules à sa surface. D'autres expéditions sont menées pour rapporter des échantillons de roches qui pourraient bien nous révéler s'il y a déjà eu de la vie sur Mars.

D'importantes expéditions

Grâce à la sonde américaine Pathfinder, un petit véhicule téléguidé a pu être déposé et rouler sur le sol martien en juillet 1997. On envisage des vols habités vers 2015, mais ce genre d'expédition doit être extrêmement bien préparé car le voyage durerait 6 mois à l'aller et autant au retour !

Une planète sans eau ?

Actuellement sur Mars, il n'y a pas d'eau à l'état liquide, ni de vapeur d'eau dans l'atmosphère, qui est composée surtout de gaz carbonique. Mais grâce au robot Sojourner, on sait que l'eau a dû couler à flots sur Mars, il y a 4 milliards d'années. Cette eau pourrait se trouver piégée dans le sol sous forme de glace. Qui dit eau, dit vie ! Ce secret sera certainement bientôt dévoilé grâce aux travaux du petit robot Sojourner.

L'Olympus Mons est un volcan géant, peut-être le plus grand du système solaire. Il mesure 25 km de haut et son diamètre à la base est de 600 km ! D'autres volcans d'environ 20 km de haut ont été aperçus, mais aucun n'est actif.

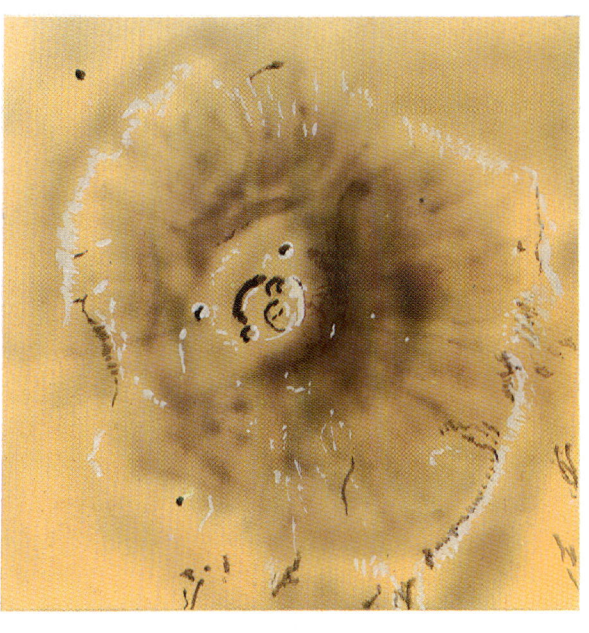

La surface de Mars

Elle présente un relief très varié : en plus des volcans, on y trouve des cratères creusés par la chute de météorites, de grandes failles ou canyons, des vallées, des plaines volcaniques et des champs de dunes.

Ci-dessous, différentes étapes montrent comment pourrait évoluer le paysage martien si on décidait d'y créer un nouveau lieu de vie à partir d'une ancienne vallée fluviale.
Il faudrait d'abord libérer les eaux, actuellement sous forme de glace.
La végétation apparaîtrait alors et fabriquerait l'oxygène nécessaire pour que la vie se développe.

Une vie future sur Mars ?

Certains astronomes pensent faire vivre des hommes sur Mars. Il faudrait pour cela produire de l'oxygène sur place grâce à l'installation de plantes sous serre qui fourniraient l'oxygène nécessaire aux hommes. Les plantes seraient aussi utiles pour la nourriture. Le transport de matériel sur Mars reviendrait très cher, surtout à cause du poids. Il faudrait donc installer des structures gonflables.

Le robot tout-terrain Sojourner, ci-dessous, qui a servi lors de la mission de juillet 1997, fonctionne grâce à des cellules solaires. Pas plus large qu'une valise, il avance à 40 cm à la minute, franchit des obstacles d'une dizaine de centimètres et est capable d'analyser certaines roches.

MERCURE ET VÉNUS

Mercure et Vénus sont des planètes telluriques. Mercure est la plus proche du Soleil et son observation est très difficile à cause de cette situation. On la connaît un peu plus grâce à la sonde Mariner 10, envoyée par les Américains et qui la survola en 1974. Sa surface est riche en cratères. Les scientifiques ont donné des noms d'artistes à tous ces cratères, comme Beethoven, Rabelais, Matisse, Renoir, Hugo, etc...
Vénus est la planète qui ressemble le plus à la Terre par sa taille, mais son atmosphère est surtout composée de gaz carbonique.

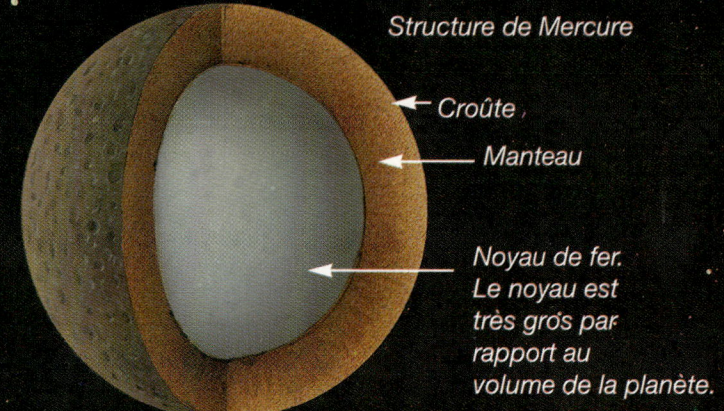

Structure de Mercure
- Croûte
- Manteau
- Noyau de fer. Le noyau est très gros par rapport au volume de la planète.

Mercure

Cette planète est située à 58 millions de kilomètres du Soleil et, comme elle tourne lentement sur elle-même, il existe de grandes variations de température entre les zones éclairées et les zones d'ombre (430 °C à - 180 °C). Mercure n'a pas d'atmosphère pour se protéger ; de ce fait, elle est recouverte d'une épaisse couche de petits débris venus s'écraser sur elle depuis des milliards d'années. Elle n'a pas non plus de satellites.

Mercure est la plus petite des planètes telluriques.

Il y a aussi de bien curieux dômes volcaniques à la surface de Vénus, qui ressemblent à de grosses assiettes retournées, mesurant 25 km de diamètre et sillonnées de canyons.

La surface de Mercure

Grâce à la sonde Mariner 10, on a pu observer un peu plus de la moitié de la surface de Mercure. On peut constater que cette surface est criblée de cratères comme celle de la Lune. Dans les années à venir, des missions d'exploration vont être envoyées vers Mercure, une sonde pourrait être mise en orbite et nous renseigner sur la composition et le volume de son noyau.

Grâce aux sondes envoyées sur Vénus, on a une petite idée de ses reliefs : en bleu, de grands bassins, en gris, des parties plus élevées avec des volcans et des canyons.

Vénus

Appelée aussi l'étoile du Berger, Vénus est située à 108 millions de kilomètres du Soleil. Elle est entourée d'une grosse épaisseur de nuages. Vénus est une vraie fournaise : sa température en surface est de 460 °C. Cette chaleur est due à l'activité de nombreux volcans qui projettent dans l'atmosphère des gaz, lesquels agissent comme les vitres d'une serre de jardin sous l'effet du Soleil, entraînant l'élévation de la température au sol. Dans ces conditions inhospitalières, l'eau n'est pas présente sur Vénus.

Pourtant cette planète ressemble à la Terre. Elle est presque aussi grosse et elle est née d'un même amas de gaz et de roches. Son diamètre est de 12 100 km. Sa température n'a pas toujours été aussi élevée. D'après les scientifiques, l'eau, sous forme de glace, de liquide ou de vapeur, existait au moment de sa formation. Mais Vénus étant plus près du Soleil que la Terre, elle a reçu plus de chaleur, et l'eau s'est évaporée. Cette planète n'a pas de satellites.

JUPITER ET SATURNE

Ces énormes planètes gazeuses sont les deux plus grandes des planètes géantes. Jupiter et Saturne sont environ dix fois plus grosses que la Terre ! Toutes deux sont des mondes glacés encerclés d'anneaux et de satellites. L'atmosphère qui les entoure est agitée par des tourbillons, tornades et cyclones. Sur Jupiter, on peut voir une trace rouge, grande comme quatre fois la France, qui est le sommet d'un gigantesque cyclone ! Il faut des années pour que les sondes atteignent ces planètes très éloignées de la Terre. Entre 1979 et 1981, les sondes Voyager I et II ont pu apporter de nouvelles informations sur Jupiter et les anneaux de Saturne.

La sonde Galileo

Cette sonde a élargi nos connaissances sur l'atmosphère et les nuages enveloppant Jupiter. Lancée en 1989, il lui a fallu 6 ans pour approcher Jupiter en 1995 ! La sonde se compose d'un orbiteur, qui tourne autour de Jupiter et d'un élément plus petit, le module. Le module, largué par l'orbiteur et freiné par un parachute, s'est enfoncé dans l'atmosphère de Jupiter. Mais la pression devenant trop forte, il n'a pu fonctionner qu'une petite heure. Cependant, les informations qu'il a transmises sont si importantes qu'il faudra des années pour les analyser.

Jupiter et ses satellites

Jupiter possède 2 fins anneaux et 16 satellites. Les 4 plus gros sont Ganymède, Callisto, Io et Europe. Les satellites sont composés d'un mélange de glaces et de roches. La surface de Ganymède est parsemée de cratères creusés par des chutes de météorites. On observe sur Io des quantités de volcans. Certains, en éruption, lancent des masses de matière jusqu'à une centaine de kilomètres de hauteur. Io est ainsi, avec la Terre, le seul corps céleste du système solaire portant des volcans actifs.

Callisto

Ganymède

Jupiter est la plus grosse des planètes du système solaire. En son centre, la température s'élève à 30 000 °C ! Elle est balayée par des vents très forts (600 km/h). Elle est située à 778 millions de kilomètres du Soleil.

Saturne et ses satellites

De toutes les planètes géantes, c'est Saturne qui a le plus de satellites. Elle en a 18, parmi lesquels l'énorme Titan, plus gros que la Lune ! En 1980, la sonde Voyager I a survolé Saturne, ses anneaux et ses satellites, et a photographié Titan. La température moyenne de Saturne est basse (-150 °C à la surface des nuages), et des vents violents y soufflent (1 500 km/h).

Saturne se trouve à 1,4 milliards de kilomètres du Soleil.

Les anneaux de Saturne

Saturne est entourée de magnifiques anneaux qui dessinent autour de la planète des bandes de diverses couleurs. Ces anneaux sont formés de milliers d'autres plus fins. Ils sont composés de petites particules glacées mêlées à des poussières minérales.

Titan

Io

Europe

La composition de Saturne

Comme Jupiter et les autres planètes géantes, Saturne est surtout composée de deux éléments chimiques : l'hydrogène et l'hélium. Plus on va vers le centre, plus ces gaz sont comprimés et lourds. Saturne est une planète légère : si elle baignait dans un océan, elle y flotterait !

Gros plan sur la composition des anneaux de Saturne.

URANUS, NEPTUNE ET PLUTON

Ce sont les planètes les plus éloignées du Soleil, donc très difficiles à étudier. Uranus a été découverte en 1781, Neptune en 1846 et Pluton en 1930. Uranus et Neptune appartiennent à la catégorie des planètes géantes gazeuses dont Neptune est la plus petite. Elles ont toutes les deux une belle couleur bleue. Uranus, qui a un diamètre 4 fois plus grand que celui de la Terre, met 84 ans pour faire le tour du Soleil. Ses saisons durent 42 ans pour l'hiver et autant pour l'été. Pluton serait un rocher entouré d'une épaisse couche de glace. Aucune sonde n'a survolé cette planète.

Les satellites d'Uranus

Uranus a 15 satellites dont les 5 plus gros ont été observés directement depuis la Terre alors que les autres ont été identifiés grâce à la sonde Voyager II. Miranda, un des plus volumineux, a un diamètre de 480 km et une surface présentant de nombreux cratères.

Miranda

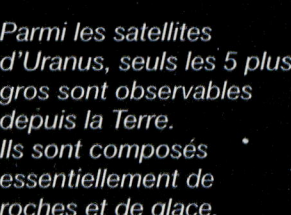

Parmi les satellites d'Uranus, seuls les 5 plus gros sont observables depuis la Terre. Ils sont composés essentiellement de roches et de glace.

• La tache sombre visible à gauche sur la planète est un énorme ouragan, dont les dimensions avoisinent celles de la Terre et qui tourne à plus de 600 km/h.

Neptune

La sonde Voyager II a survolé cette très jolie planète bleue en août 1989. Les filaments blancs que l'on aperçoit à sa surface sont des nuages très épais poussés par des vents violents pouvant souffler jusqu'à 1 600 km/h ! Située à 4,5 milliards de kilomètres du Soleil, elle en fait le tour en 165 ans ! Sa température avoisine les - 220 °C. Neptune a 8 satellites dont le plus gros est Triton, qui est un des corps les plus froids du système solaire (- 235 °C à sa surface). Comme les autres planètes géantes, Neptune possède des anneaux.

Uranus

C'est par hasard qu'Uranus a été découverte par l'Anglais William Herschel alors qu'il pensait observer une comète. Située à 2,8 milliards de kilomètres du Soleil, sa température est d'environ - 200 °C. Elle est entourée de 11 anneaux très sombres découverts en 1986 par la sonde Voyager II.

Triton, le plus gros satellite de Neptune, présente des geysers en surface.

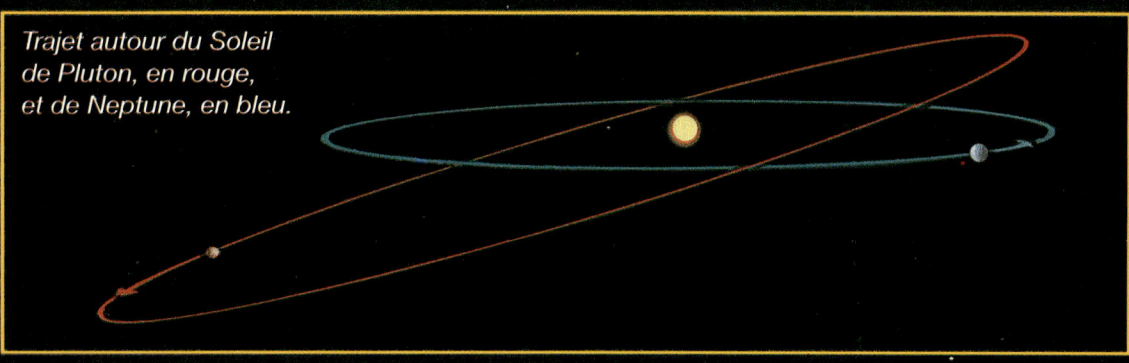

Trajet autour du Soleil de Pluton, en rouge, et de Neptune, en bleu.

Pluton

C'est la planète la plus petite du système solaire et la plus éloignée du Soleil : 7,4 milliards de kilomètres. Lors de son trajet autour du Soleil, elle se trouve parfois à la même distance que Neptune. On lui connaît un seul satellite à ce jour : Charon. Les Américains pensent lancer en 2001 et 2003 des sondes qui atteindront Pluton et Charon 12 ans plus tard !

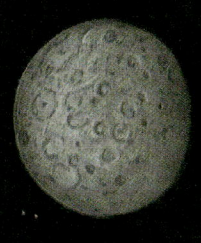

Charon, satellite de Pluton.

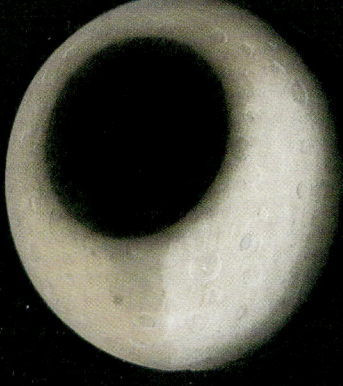

Pluton avec l'ombre de Charon.

D'AUTRES CORPS CÉLESTES

L'espace entre les planètes qui tournent autour du Soleil n'est pas vide, il est occupé par de nombreux astres de petite taille appelés astéroïdes, par des comètes venues de loin et par des blocs rocheux et des poussières. Certains de ces blocs tombent sur Terre après avoir brûlé dans l'atmosphère : ce sont des étoiles filantes. D'autres, plus gros, heurtent la Terre violemment en creusant des cratères : les météorites. Ce serait une météorite géante qui serait à l'origine de la disparition des dinosaures, il y a 65 millions d'années. Dans le monde, on a relevé 120 traces de météorites

Qu'est-ce qu'une comète ?

Les comètes, connues depuis des milliers d'années, sont composées de glace et de poussières. Lorsqu'elles s'approchent du Soleil, la glace s'évapore, ce qui provoque de superbes traînées lumineuses semblables à une longue chevelure. La dernière comète à nous avoir offert un très beau spectacle fut Hale Bopp, au début de l'année 1997. Elle reviendra en 4542 !

Des cicatrices profondes

La surface de la Terre porte des traces de collisions avec des corps célestes. Le cratère ci-dessous se trouve aux États-Unis. Cette énorme cuvette de 1 200 m de diamètre et de 180 m de profondeur a été creusée par une météorite de 100 000 t qui est tombée, il y a 25 000 ans, à la vitesse de 100 000 km/h. Dans les secondes qui ont suivi le choc, des tonnes de roches pulvérisées et brûlantes ont été projetées dans tous les sens, détruisant les animaux et les plantes sur leur passage : une vraie explosion atomique. Ce genre de collision est toujours possible et les scientifiques scrutent le ciel en permanence à travers de puissants télescopes et satellites, pour prévenir d'une éventuelle catastrophe. Les savants américains étudient la possibilité de détruire les météorites dangereuses pour la Terre à l'aide de bombes nucléaires.

D'où viennent les comètes ?

Surgissant des profondeurs de l'espace, elles proviendraient de ce que les savants nomment un réservoir, le nuage de Oort, situé bien après Pluton, dans lequel il y aurait cent milliards de comètes. Mais pourquoi certaines quittent-elles ce nuage pour se rapprocher du Soleil ? Les astronomes pensent que de grosses planètes, comme Jupiter ou Saturne, les attirent. Et pourquoi reviennent-elles périodiquement ? Encore un mystère...

La ceinture d'astéroïdes

La majorité des astéroïdes tournant autour du Soleil se trouvent entre l'orbite de Jupiter et celle de Mars. En 1991, la sonde Galileo a transmis pour la première fois l'image d'un astéroïde, baptisé Gaspra, qui fait 19 km sur 12 km. Le plus gros des astéroïdes de cette région identifié à ce jour mesure 1 000 km de diamètre !

LA CONQUÊTE DE L'ESPACE

Dans son livre *De la Terre à la Lune*, Jules Verne avait imaginé, en 1865, que l'homme voyagerait dans l'espace. Un siècle plus tard, ce rêve devient réalité. En 1933, une fusée russe s'élève à 400 m. Une formidable course à l'espace s'engage alors entre Russes et Américains. En 1961, le Soviétique Youri Gagarine est le premier voyageur de l'espace, puis les Américains lancent leur programme Apollo destiné à envoyer l'homme sur la Lune. En 1969, lors de la mission Apollo 11, un homme pose le pied sur le sol lunaire.

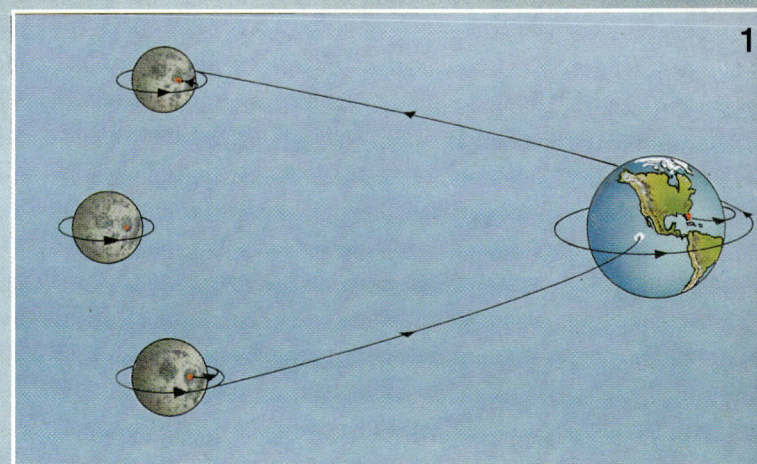

Saturn V est une fusée géante suffisamment puissante pour lancer le vaisseau Apollo situé à son sommet. Ce vaisseau comprend le module de commande (Columbia) et le module lunaire (le Lem).

Le formidable voyage lunaire

1- Le trajet effectué par Apollo 11.
2- Éléments de la fusée Saturn V.
3- Le 16 juillet 1969, les Américains Neil Armstrong, Edwin Aldrin et Michael Collins, à bord d'Apollo 11, s'envolent vers la Lune.
4- La fusée Saturn V largue le Lem et Columbia.
5- Armstrong et Aldrin passent dans le Lem. Il se détache de Columbia, où Collins reste aux commandes.
6- 21 juillet 1969, Neil Armstrong pose le pied sur la Lune. Sur Terre, des centaines de millions de personnes suivent l'événement en direct !
7- Armstrong est rejoint par Aldrin. Un drapeau américain est planté et des instruments scientifiques sont installés sur le sol lunaire.
8/9- Le Lem repart vers la capsule Columbia.
10/11- Les 3 astronautes sont à nouveau réunis dans le vaisseau ; ils entrent dans l'atmosphère de la Terre et amerrissent dans le Pacifique le 24 juillet.

Les autres missions

D'autres sorties sur la Lune se sont succédé entre 1969 et 1972. De nouveaux équipements ont été amenés : une brouette pour le transport des roches, avec Apollo 14, et un petit véhicule lunaire, le Luna Rover, lors de la sortie d'Apollo 15. Différents lieux de la Lune ont été explorés.

L'avenir

Dans l'avenir, on projette d'installer une base scientifique sur la Lune, mais on pense aussi développer les recherches sur Mars et envoyer des missions recueillir des roches martiennes.

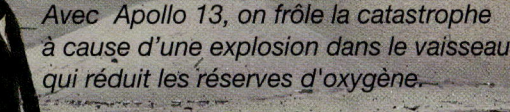

Avec Apollo 13, on frôle la catastrophe à cause d'une explosion dans le vaisseau qui réduit les réserves d'oxygène.

TABLE DES MATIÈRES

L'ASTRONOMIE **6**

LE SYSTÈME SOLAIRE **8**

LE SOLEIL **10**

LA TERRE **12**

LA LUNE **14**

MARS **16**

MERCURE ET VÉNUS **18**

JUPITER ET SATURNE **20**

URANUS, NEPTUNE ET PLUTON **22**

LES AUTRES CORPS CÉLESTES **24**

LA CONQUÊTE DE L'ESPACE **26**

ISBN 2.215.060.53.0
© Éditions FLEURUS, 1997.
Dépôt légal à la date de parution.
Conforme à la Loi N°49-956 du 16 juillet 1949
sur les publications destinées à la jeunesse.
Imprimé en Italie (06-99).